CHARLOTTE LEGRAND

Digital nomad

TRAVAILLER LIBRE

Casa éditions

INTRODUCTION

Travailler où l'on veut, quand on veut, changer de voisins de bureau chaque jour, comme de machine à café et d'open-space, troquer un anorak de pluie pour un short de plage du jour au lendemain et passer plus de temps sur les routes que dans les métros. Se réveiller un matin les pieds dans l'eau, et se coucher en admirant le coucher du soleil derrière les montagnes depuis son van aménagé, toujours avec son ordinateur sur les genoux.

Oui, telle est la vie des digital nomads, ces travailleurs qui ont décidé de casser les codes du métro-boulot-dodo pour créer leur propre vision du travail. Si ce mode de vie ressemble davantage à un rêve plutôt qu'à une réalité, de nombreuses personnes ont tout quitté pour se lancer dans l'aventure. Comment ont-ils fait pour sauter le pas ? Quelles sont les étapes pour se lancer ? Où et quand partir ? Que prévoir et comment s'organiser ?

Je suis partie à la rencontre de quelques-uns d'entre eux, pour écouter leurs histoires, recueillir leurs témoignages, retours d'expériences et surtout leurs précieux conseils pour se lancer dans l'aventure. Parce qu'après tout, être digital nomad c'est aussi la vie dont je rêve, et peut-être dont certains d'entre vous rêvent aussi.

DIGITAL NOMAD

Un digital nomad est ni plus ni moins un travailleur exerçant son métier d'où bon lui semble. Depuis n'importe quelle ville de son pays de résidence ou à l'étranger, l'idée est de pouvoir mêler une vie de voyage en conservant une carrière.

SOMMAIRE

SOMMAIRE

I

FAIRE LE GRAND SAUT

01

Que ce soit à la suite d'une réflexion bien mûrie, d'un déclic en regardant une émission ou encore après un événement marquant, il y a toujours un élément déclencheur pour faire le grand saut, l'étape cruciale pour faire de ses projets, rêves et envies, une réalité.

NI TROP TÔT NI TROP TARD... EXISTE-T-IL UN BON MOMENT ?

Il n'y a pas de parcours type du « digital nomad », avec des étapes à suivre et un instant T pour prendre le premier billet d'avion, son sac à dos et s'envoler. Le bon moment est celui qu'on décide. Avant de penser à la plage, il est essentiel de se poser les bonnes questions. Demandez-vous, en l'écrivant noir sur blanc, comment et pourquoi vous souhaitez changer de vie.

- Pourquoi je veux devenir « digital nomad » ?
- À quel point suis-je prêt à un changement de vie ?
- Quelles concessions suis-je prêt à faire pour devenir « digital nomad » ?
- À quoi ne suis-je pas prêt à renoncer?
- Quel métier ai-je envie d'exercer ?
- Et lequel/lesquels puis-je exercer ?
- Le décalage horaire est-il un problème pour moi ?
- Les longues soirées à travailler me font-elles peur ?
- Les horaires à rallonge aussi ?
- La solitude est-elle un problème pour moi ?
- Quels seront mes principaux moteurs pour rester motivé tout au long du voyage ?
- À quel point suis-je adaptable et vais-je pouvoir me débrouiller seul dans un pays avec une tout autre culture ?
- Est-ce qu'être loin de ma famille et de mes amis peut m'impacter ?
- Puis-je vivre les grands événements (Noël, anniversaire...) loin de mon cercle proche sans que cela m'affecte trop ?
- En couple ou en ménage, comment puis-je intégrer mon compagnon ? (Même si ce dernier ne vient pas avec moi)

Les réponses à ces questions vous aideront à y voir plus clair et à déterminer si vous êtes prêt pour l'aventure. L'idéal est d'ailleurs de faire l'exercice

plusieurs fois avant de prendre la grande décision. Avant que cela soit un défi carrière, il est avant tout question de votre propre vie. Tout le monde n'est pas fait pour être « digital nomad ». Et si vous changez de point de vue après avoir répondu au questionnaire honnêtement, ce n'est vraiment pas important et c'est toujours mieux que de subir une décision mal prise.

Dans un second temps, pensez à votre carrière professionnelle et ce que vous souhaitez accomplir au cours de ce voyage. Selon le statut que vous aurez choisi, et le métier que vous exercez ou allez exercer, vous devrez passer par plusieurs stades et buts à atteindre : à vous de les fixer !

Dans un second temps, pensez à votre carrière professionnelle et ce que vous souhaitez accomplir au cours de ce voyage. Selon le statut que vous aurez choisi, et le métier que vous exercez ou allez exercer, vous devrez passer par plusieurs stades et buts à atteindre : à vous de les fixer !

SI VOUS ENVISAGEZ DE DEVENIR FREELANCE

- Comment créer votre statut de freelance ou micro-entrepreneur ?
- Quelles missions avez-vous envie de réaliser ?
- Pour quel type d'entreprise souhaitez-vous travailler ?
- Comment allez-vous décrocher vos missions ?
- Par quel moyen marketer ou vendre votre profil ?
- De quels outils ou équipements avez-vous besoin ?
- Souhaitez-vous être freelance à 100 % de votre temps, ou à mi-temps ?
- Voulez-vous faire un autre métier local une fois sur le terrain ? (saisonnier par exemple)
- Quels sont les objectifs professionnels que vous voulez atteindre ?
- Combien d'argent voulez-vous gagner environ, par mois/an ?

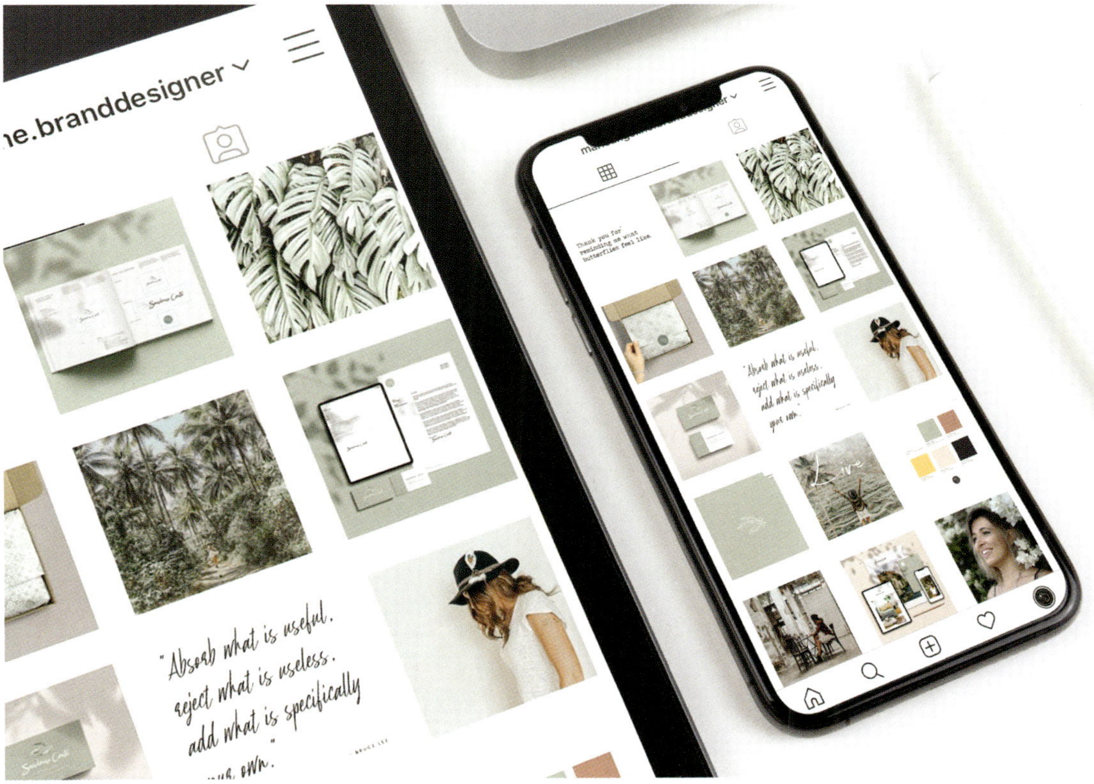

SI VOUS ENVISAGEZ DE CRÉER VOTRE PROPRE ENTREPRISE

- Quel type d'entreprise voulez-vous créer ?
- Sur quel secteur vous positionnez-vous ?
- Comment créer les statuts de votre entreprise ? Où allez-vous vous baser ?
- Si vous avez choisi de vous associer, comment envisagez-vous la relation à distance ? Ou votre associé est-il votre compagnon de voyage ?
- Quels sont les processus que vous devrez créer pour optimiser la gestion à distance ?
- De quelles ressources locales souhaitez-vous profiter selon vos destinations ?
- Aurez-vous besoin d'embaucher ? Sur place ou bien à distance ?
- Du point de vue financier, de combien avez-vous besoin ?
- Devez-vous faire une levée de fonds ? Un financement participatif ? Rechercher des investisseurs ?

SI VOUS ENVISAGEZ UNE CARRIÈRE DE SALARIÉ EN FULL REMOTE

- Comment se positionne votre supérieur par rapport à ce projet ?
- Quels sont les atouts, les compétences, les expertises que vous souhaitez acquérir durant cette expérience ?
- Y a-t-il des processus à mettre en place pour simplifier le travail à distance ?
- Comment allez-vous gérer votre travail avec le décalage horaire ?
- Si vous travaillez en équipe, comment envisagez-vous l'organisation et/ou le management à distance ?
- Avez-vous besoin d'outils spécifiques, de formation, pour prévoir votre départ ?
- Négocier votre salaire est-il nécessaire avant votre départ ?
- Si un retour au bureau est envisagé, de quelle manière l'est-il ?

Après avoir répondu à ces questions, vous aurez un plan assez établi. Cela vous permettra d'y voir plus clair les premiers temps, d'avoir une base sur laquelle vous référer et à partir de laquelle construire et progresser dans votre aventure.

N'hésitez pas à refaire l'exercice à plusieurs semaines d'intervalle avant de prendre votre décision et de faire… le grand saut.

02
CHOISIR LA MANIÈRE PROGRESSIVE

Bien souvent, les digital nomads que j'ai rencontrés m'ont confié avoir décidé de tout quitter pour recommencer à zéro. Si c'est parfois le seul moyen que beaucoup adoptent pour se lancer sans retour en arrière possible, choisir la transition de manière progressive est aussi une voie envisageable. Si vous avez une famille, une carrière ou un semblant de vie stable et fixe déjà construit, cela peut sembler un peu brutal de transiter du jour au lendemain.

DOUCE TRANSITION

Au démarrage, certaines personnes choisissent de garder leur emploi et de construire en même temps leur projet de vie nomade. Cela vous permet de garder une assurance professionnelle, financière, mais aussi une base de réseau et de formation dans laquelle vous pouvez puiser. N'oubliez pas que l'aide extérieure est précieuse : parlez de votre projet autour de vous pour recueillir le maximum d'avis et de conseils. Ils pourront peut-être vous permettre de débloquer certains verrous essentiels pour vous lancer. Cette stabilité financière vous offre aussi l'occasion d'avoir une rentrée d'argent sûre, et de pouvoir projeter vos voyages, projets et autres plans dans lesquels vous aurez besoin de sous. Une situation idéale pour pouvoir mettre de côté et vous assurer un tapis de départ confortable. Avec cette transition douce, vous pouvez encore puiser dans votre réseau de proches et de professionnels pour alimenter votre projet et, pourquoi pas, mobiliser des personnes, partenaires, entreprises autour de vous.

ÉCRIRE VOTRE PROPRE HISTOIRE

De l'autre côté, à vous de dédier du temps à votre projet : quelques heures chaque soir, les week-ends ou même en passant à temps partiel. Profitez de ces moments privilégiés pour vous inspirer au travers de contenus reliés au sujet des digital nomads, de votre projet, des pays que vous envisagez de visiter ou de l'activité dans laquelle vous souhaitez vous lancer. C'est grâce à ces précieux temps de recherche que vous pourrez alimenter votre projet et rendre vos rêves réels. Également, c'est l'occasion de vous former grâce à des MOOCs, des formations en ligne ou en présentiel, des événements ou des lectures. Tout peut être objet de formation, à vous d'aller à la recherche de contenus ! On vous donne quelques pistes au chapitre 6. Enfin, c'est aussi le moment propice à la planification. Après vous être formé et inspiré, pensez à cette aventure de manière large : voyage, travail, argent, ressources nécessaires, rencontre, expérience, activité, aventure… C'est le moment de prendre une grande feuille blanche pour écrire votre propre histoire. La meilleure partie de la préparation !

"Ce que je conseille pour se lancer de manière progressive : acquérir de nouvelles compétences sur son temps libre pour ensuite les mettre en application sur son projet."

BRUNO MALTOR

03

TOUT QUITTER, POUR TOUT CONSTRUIRE

L'essentiel réside donc dans ses propres choix et possibilités. Il n'y a pas de parcours type du digital nomad à suivre ni de bons ou mauvais moments pour sauter le pas. Le principal est de suivre son intuition, tout en gardant les pieds sur terre avec une bonne organisation et des objectifs clairement définis pour éviter d'aller droit dans le mur ! J'ai rencontré de nombreux digital nomads qui, du jour au lendemain, ont acheté un billet pour le pays de leur rêve (où le premier pays qui se présentait au départ du lendemain) et se sont envolés direction leurs nouvelles vies. Si ce choix peut paraître aussi osé que bancal, la plupart d'entre eux vivent toujours en mode nomade et surtout, sont bien plus heureux que dans leurs vies d'avant.

LE HUB NOMADE

Autour d'une discussion, d'une rencontre ou d'un voyage, un réel déclic peut arriver et tout changer. Cela peut faire naître l'idée d'une création d'entreprise, d'association, d'un business ou encore juste vous inspirer dans votre présent projet. C'est le cas de Margaux Roux qui, après avoir visité le berceau des digital nomads, Bali, a eu l'idée de créer un collectif de freelances basés en France et à Bali, pour permuter les compétences et simplifier l'accès au réseau des freelances.

Bien souvent, on ne se rend pas réellement compte des besoins et opportunités présents dans les différents pays que nous envisageons. Une fois sur place, toutes les découvertes peuvent vous amener à trouver votre projet, votre voie. Tout quitter pour tout reconstruire peut alors être la meilleure option, lorsqu'on n'arrive pas à concrétiser son projet alors qu'on est encore dans une zone de confort.

"Après un parcours assez classique, je suis arrivée en entreprise et j'ai fait face à une grande désillusion, sans vraiment savoir ce que je voulais faire. Alors je suis partie d'abord pour voyager, en Thaïlande et à Bali. C'est là que j'ai découvert l'univers des digital nomads"

MARGAUX ROUX

04 NE PAS OUBLIER L'ASSURANCE

Enfin, l'élément primordial avant de vous lancer est de prendre la bonne assurance selon vos plans. Pour faire votre choix, lisez bien chaque détail des offres pour déceler les avantages et les manques.

PENSEZ À VÉRIFIER

● Le niveau de prise en charge des frais médicaux : maladie, ordonnance, médecin et spécialiste (dentiste, échographe...), accident de la route, de sports, durant une activité, transport en ambulance, en hélicoptère...

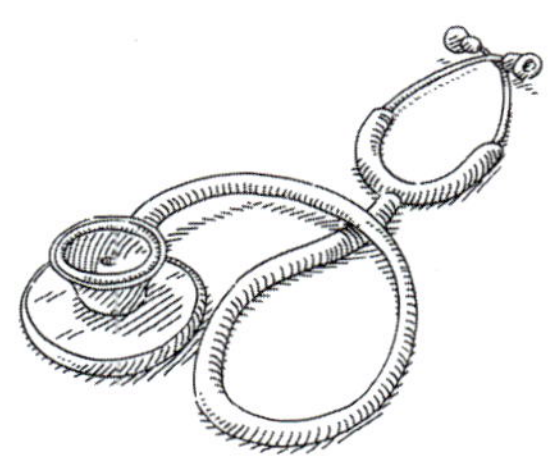

Ce premier point est très important : il faut absolument vous assurer que vous soyez bien couvert en cas de souci et surtout si vous avez un problème de santé particulier. Avant chaque départ, pensez aussi à faire un checkup complet avec votre médecin !

● L'assistance et l'indemnisation en cas d'empêchement de voyage, de retour anticipé, de vols retardés ou annulés, de pandémie ou catastrophe naturelle compromettant votre voyage.

● L'indemnisation en cas de perte, de vol, de casse de matériel, d'équipement ou de bagage, incluant les objets de valeur et les équipements électroniques.

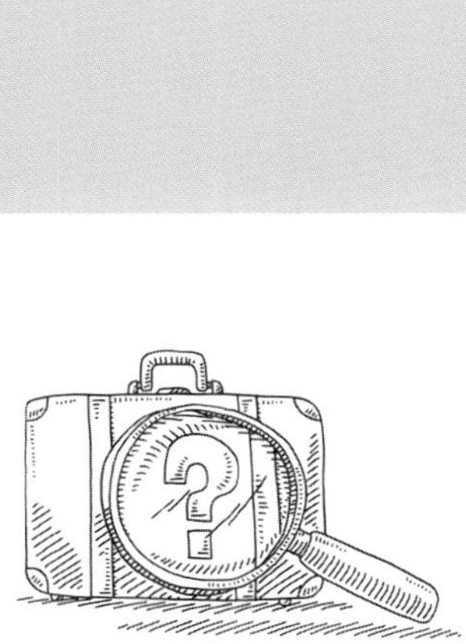

Pensez bien à vérifier le plafond de remboursement et à calculer le montant total se trouvant dans vos bagages ! Il est très important de faire un point global, des photos et une liste exhaustive du contenu de vos bagages.

- Le rapatriement en urgence en cas d'accident grave ou de décès.

- La garantie de responsabilité civile (dommage matériel ou corporel fait à autrui)

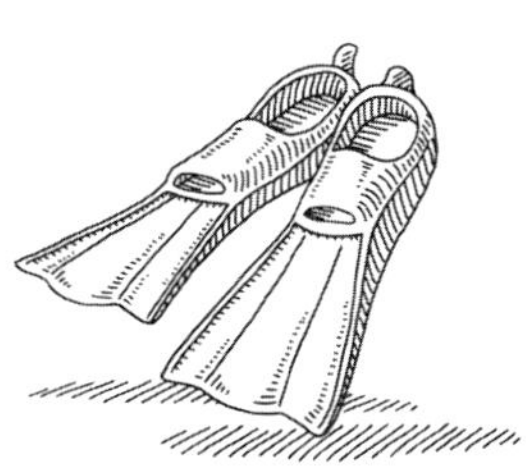

- Les activités sportives, d'exploration et d'aventures : plongée sous-marine, location de deux-roues, sports d'hiver, escalade, trek, voyage en pays à haut risque…

- Le montant de la franchise à payer pour chaque clause et les délais de remboursement.

N'hésitez pas à réserver un temps pour appeler votre assureur et faire le point avec lui. Les deux assurances les plus connues pour les digital nomads sont Safety Wings et World Nomads. Rien ne vous empêche de voir avec votre assurance actuelle ce qu'il est possible de faire, tout en vous basant sur ce que ces deux assurances phares proposent !

Pensez également à prendre la bonne carte bancaire qui autorise les paiements et transferts dans le monde entier. Aussi, certaines cartes prévoient une assurance en cas d'annulation d'hébergements ou de réservation dans le cadre de vos voyages. Comparez bien chaque offre pour choisir la meilleure !

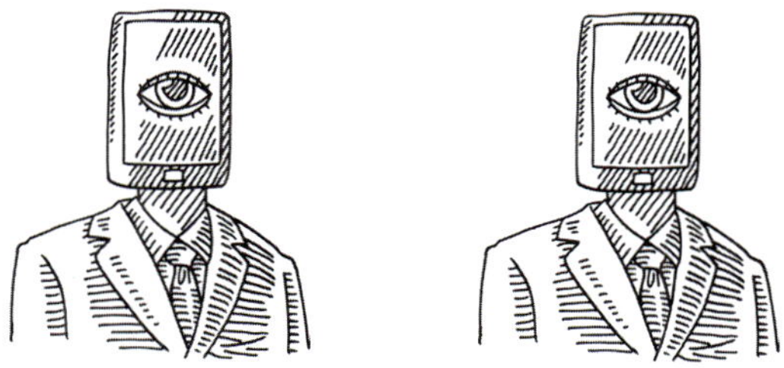

II

COMMENT CHOISIR SON STATUT

"Si l'on décide de poser ses valises à l'étranger, le choix du statut dépend aussi du visa du pays de résidence. Pour ma part, j'ai dû créer ma propre entreprise en Thaïlande afin d'avoir le visa qui me permette d'y vivre à l'année."

MARIE ANGELINE RAPIN

01

Pour devenir « digital nomad », on peut envisager trois principaux statuts.

LE « FREELANCING »

Sûrement le premier auquel on pense lorsqu'on entend le mot « digital nomad » ; le statut de freelance étant celui qui donne le plus de liberté et d'indépendance au travailleur baroudeur. En devenant son propre chef, on cumule les responsabilités : trouver ses missions, travailler son profil, organiser son travail, gérer sa comptabilité... autant de tâches que l'on doit assumer pleinement. Bien qu'idéal pour avoir une liberté totale, être freelance signifie devoir tout gérer seul, galères comprises.

Lorsqu'il n'y a pas de missions, il n'y a ni aide ni chômage : juste les économies restantes de la dernière mission !
En France, devenir freelance est simple, il suffit de se déclarer en tant que tel auprès de l'URSSAF. Pensez à mettre de côté 20 % du montant de chacune des factures pour régler les cotisations sociales.

Pour vous aider à trouver vos premiers clients, misez sur votre réseau professionnel et sur les différents outils de mise en relation, à retrouver... page 66.

BON À SAVOIR

L'Aide à la création ou à la reprise d'entreprise (ACRE) donne accès à une exonération de 50 % des charges pour les entreprises nouvellement créées. Seules les personnes âgées de 18 à 25 ans, 30 ans pour les travailleurs reconnus handicapés, les chômeurs ou les personnes percevant l'ASS, le RSA, l'ARE, l'ASP peuvent en bénéficier.

LANCER SON ENTREPRISE 02

La seconde possibilité est de lancer son entreprise. Le premier défi sera de définir une activité pouvant être gérée de n'importe où. Bien évidemment, vous ne pourrez pas être « digital nomad » en étant franchisé, en créant un restaurant ou un autre type d'activité nécessitant d'être physiquement sur place chaque jour. Des entreprises digitales, de prestation de service ou encore du commerce en ligne peuvent être gérées à distance.

Pour réussir à gérer une activité commerciale à distance, avec ou sans salarié, le maître mot est

l'organisation. L'importance réside dans la clarté des processus, la fluidité des communications en interne et en externe et un agenda bien contrôlé. Retrouvez tous les outils qui pourront vous aider page 54 (chapitre 4).

On ne le dira jamais assez, s'organiser pour pouvoir profiter des voyages et aventures, tout en faisant grandir le projet de départ, est essentiel. En même temps c'est en se retrouvant dans un environnement différent que naissent des idées nouvelles qui permettent de voir les choses en grand...

03

ÊTRE UN SALARIÉ EN « FULL REMOTE », SOIT COMPLÈTEMENT À DISTANCE

La dernière option est la plus simple pour une personne souhaitant devenir « digital nomad » sans pour autant prendre de risques trop importants. Cela revient à être un salarié en télétravail complet. L'idée est assez simple : faire la même chose qu'au bureau, mais depuis un autre endroit ! Lequel ? À vous de choisir en accord bien sûr avec votre employeur.

L'avantage est de pouvoir conserver un pied au sein de son entreprise. Vous continuez de bénéficier d'une certaine sécurité, d'avantages et surtout vous profitez du confort de ne pas trop se soucier de l'évolution de votre vie professionnelle. Pourquoi ne pas imaginer une expérience d'une année avant de faire le grand saut ? Histoire de tester vos rêves et vos envies sans prendre trop de risques.
Comment faire ? Amorcez la discussion avec votre supérieur direct pour voir comment cela est envisageable. L'idéal est de prévoir une période transitoire pour partir petit à petit du bureau. Cela peut prendre du temps, surtout si vous êtes responsable d'une équipe, si vous êtes accros aux réunions, ou encore si vous devez vous trouver sur le terrain... La règle absolue pour que tout se passe bien est de présenter un projet complet à l'entreprise, d'anticiper les freins et les remarques négatives en ayant pensé aux solutions, de rester humble vis-à-vis des collègues qui vous envieront d'avoir bien négocié, d'être encore plus vigilant qu'à la normale, sur les délais à tenir, les projets à rendre. Rien ne vous sera « pardonné » surtout si l'on sait que vous vous connectez d'une plage des Antilles. On peut d'ailleurs se demander s'il faut informer son patron de tous les endroits où l'on se rend. À chaque situation la façon la plus honnête de la présenter en interne.

THE
POWER
OF
NOW
A Guide to
Spiritual Enlightenment
ECKHART TOLLE

III

VOYAGER EN TOUTE SÉRÉNITÉ

GOOD

Voyager est l'une des plus belles activités au monde : découvrir de nouveaux endroits, rencontrer de nouvelles personnes, vivre de nouvelles aventures...

DIFFÉRENCE ENTRE VOYAGER ET VIVRE DANS DIFFÉRENTS ENDROITS

C'est bien souvent au travers de voyages que nous vivons nos plus beaux souvenirs. Si le voyage constitue l'un des atouts (sans doute le principal) du digital nomadisme, il peut aussi parfois comporter son lot de complications. Focus sur les essentiels à connaître pour voyager en toute sérénité.

Bien souvent, on a l'image du digital nomad tranquillement installé sur son hamac, au bord d'une plage, sirotant un cocktail et oubliant son ordinateur. Et pourtant à tort : les digital nomads, selon leur situation, peuvent travailler bien plus qu'un 35 heures pour concilier tous les projets qu'ils ont en cours ! Si chaque déplacement est un voyage, l'idée est que le digital nomad puisse élire domicile dans un pays pour un but précis, qu'il soit personnel ou professionnel. Il y vit pour découvrir, bien évidemment, mais surtout pour travailler.

La différence doit être bien faite entre voyager et vivre entre différents endroits. Bien évidemment, l'intérêt de ce mode de vie est de pouvoir découvrir les lieux dans lesquels vous résidez, mais il est essentiel de planifier et d'aménager votre temps. Il faut que vous puissiez mener de front vos missions et vos obligations tout en prenant le temps de rencontrer les locaux, de découvrir les points d'intérêts et vous immerger dans la culture locale.

"La plupart du temps, on a en tête qu'il faut en moyenne 1 000€ pour pouvoir "bien vivre", on se rend vite compte que cela est vrai pour les pays les plus riches du monde. Lorsque je vivais à Budapest, j'étais en plein centre-ville, je sortais deux fois par semaine et très honnêtement, je m'en sortais pour moins de 1 000€ par mois."

BRUNO MALTOR

COMBIEN D'ARGENT FAUT-IL POUR VOYAGER ?

Évidemment, voyager à un coût, comme vivre dans un endroit fixe ! Selon votre projet, vous pouvez avoir besoin de plus ou moins d'argent. Si vous choisissez de vous lancer en tant que freelance ou en tant que salarié, vous aurez à considérer :

- Votre logement
- Votre nourriture
- Votre moyen de locomotion une fois sur place
- Les billets d'avion selon vos destinations
- Les frais de douanes
- Potentiellement l'endroit où vous allez travailler, que vous devrez louer
- Les achats extras pour vos sorties, vous habiller, vous équiper, les souvenirs une fois sur place
- Vos impôts et taxes si vous êtes freelance

Plus vous planifiez à l'avance vos dépenses, moins vous aurez de mauvaises surprises et plus vous serez en contrôle. L'idée est aussi de prévoir une petite marge pour les imprévus (du genre un ordinateur en panne) ou les extras.

Pensez également que chaque pays a un pouvoir d'achat différent : le coût de la vie varie d'un endroit à un autre. D'où l'intérêt de dresser le portrait financier de chaque pays : vous aurez ainsi une large vue du coût de la vie dans vos différentes destinations.

LES ESSENTIELS À SAVOIR

Avant de se lancer dans l'aventure du voyage, la première question à se poser est simple : quelle est votre première destination ? Partant de ce premier point d'attache, déterminez ensuite les pays que vous souhaitez parcourir. Vous pourrez ainsi dresser un premier parcours, tout en gardant des libertés sur votre itinéraire. En y voyant plus clair sur ce point, votre projet deviendra de plus en plus concret et vous pourrez d'ores et déjà vous documenter sur les différents lieux. Accordez de l'importance à chaque destination : l'occasion d'y voyager ne se présentera pas deux fois et vous pourriez même passer à côté d'une opportunité en négligeant un point d'intérêt ou une rencontre.

Rien ne sert de courir : il faut partir à point ! Le style de vie nomade n'exige pas de bouger tous les mois aux quatre coins du monde, à chaque personne son rythme et ses envies. L'essentiel restant de bien planifier ses voyages pour obtenir les meilleurs prix, se préparer à ce nouvel endroit et s'organiser dans son travail. Parfois, l'envie peut nous prendre de ne vivre que quelques jours ou quelques mois dans un pays : pour y rencontrer précisément une personne ou visiter un lieu d'intérêt. D'autres fois, un pays peut nous attirer pour y vivre sur un terme plus long : plusieurs mois voire plusieurs années ! Dans l'objectif de s'imprégner davantage de la culture, de visiter en profondeur les différentes villes du pays ou encore pour peut-être construire un projet. Ce n'est pas parce qu'on s'autorise une pause plus longue dans un pays que l'on n'est plus digital nomad : il s'agit avant tout d'un état d'esprit, d'une vision de la vie différente et d'une façon de travailler.

"Au début, j'étais une voyageuse express : je bougeais de pays en pays sans prendre le temps de découvrir son histoire, sa culture, sans tisser de liens avec les locaux. Je frisais le burn-out du voyage et je passais complètement à côté de l'essentiel !"

JOANNA YUNG

LES SITES ET BONS PLANS À CONNAÎTRE POUR VOYAGER

Avant chaque voyage, il est très important de se documenter sur le pays envisagé. Pour cela, une petite liste de sites et d'organismes à checker avant chaque départ :

• **Les ambassades françaises** dans chaque pays, au cas où vous auriez besoin d'un lien avec l'administration française.

• **Airbnb**, le site de réservation d'hébergement par excellence pour vous aider à trouver un nid douillet dans chacune de vos destinations.

• **Roam.co**, un site vous permettant de trouver des co-livings, ou maison partagée, avec plusieurs autres digital nomads, idéal pour faire connaissance avec d'autres personnes déjà habituées au pays.

• **Outside.co**, un autre site pour trouver des co-livings, spécialement aux USA, en France, au Portugal, au Costa Rica, au Mexique, aux îles Canaries, en Indonésie et en Espagne.

• **Nomadlist.com**, un site qui classifie les villes en fonction des besoins de chacun : coût de la vie, connexion à internet... Pour trouver la ville de vos rêves.

• **Mooving World**, pour les travailleurs en vadrouille : ce site vous met en relation avec des personnes offrant logis et nourriture en échange de quelques heures de travail, à la ferme par exemple. Un chouette moyen de s'immerger dans la vie locale tout en ayant un toit et de quoi se rassasier.

• D'autres sites comme **Helpx, Workaway, WWOOF** se basent sur ce même principe d'échanger un peu de temps contre le logement.

• **Trustedhousesisters** vous permet de trouver un logement libre (par exemple parce que les propriétaires sont en vacances) en échange de votre compagnie pour les petits habitants à 4 pattes du foyer.

• **Les auberges de jeunesse** pour voyager à moindre coût : il en existe un bon lot, une petite recherche Google vous amènera à trouver sans aucun doute celle qui vous convient.

Pensez aussi à bien vérifier les avis des autres clients avant d'acheter ou de réserver quoi que ce soit : ils seront vos meilleurs guides pour éviter les arnaques et obtenir le meilleur deal.

IV

LES OUTILS POUR SE LANCER

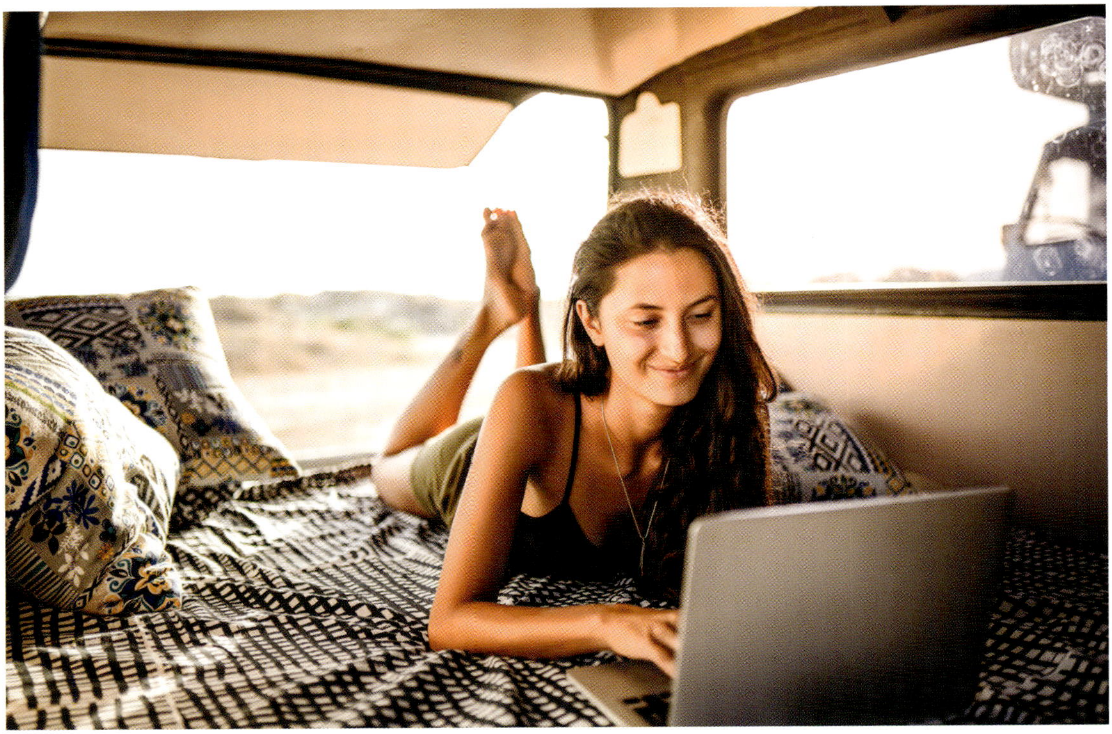

Se lancer nécessite de l'envie, de l'organisation, un peu de culot, mais aussi de bons outils pour faire que le projet soit réalisable. Les principales choses à savoir concernant les outils sont qu'ils en existent un bon lot et que chacun n'a pas forcément les mêmes affinités avec.

LES OUTILS DU QUOTIDIEN

En voyage, quelques outils peuvent vous aider à garder un œil sur les essentiels, à savoir votre budget, votre logement, vos moyens de transport, mais aussi sur la vie locale, la culture, la langue, etc.

Pour gérer votre budget : **Budgi, Bankin'** ou encore l'application de votre banque. Selon l'application, vous pouvez définir un plafond ou une répartition budgétaire selon les différents coûts que vous supportez : logement, nourriture, sorties, équipement...

Pour gérer votre connexion internet : **WiFi Finder** vous aide à trouver un réseau auquel vous connecter où que vous soyez. Toutefois, attention à vos données lorsque vous vous connectez à un réseau public : comme son nom l'indique, tout est partagé dans ce réseau ! Assurez-vous d'avoir protégé vos données et votre ordinateur de tout piratage et toutes attaques avant de voyager.

Avant de partir : **Simply Pack** vous propose des listes pour vous aider à ne rien oublier dans vos bagages. Travel Tips 101 vous donne des trucs pratiques pour voyager en toute sécurité : un vrai guide de survie !
Pensez aussi à ouvrir votre dossier médical partagé sur votre assurance maladie. Disponible pour les professionnels de santé dans certains pays, il vous permettra dans tous les cas de centraliser toutes les informations en cas de souci.

Pour comparer les vols : **SkyScanner, Kayak** et les autres comparateurs de vols vous permettent de faire une réelle étude de marché pour réserver le vol au meilleur moment, au meilleur prix.

Une fois sur place : **XE** est une application parfaite pour convertir la monnaie de n'importe quel pays. **iTranslate, WordReference, Google Traduction, Word Lens** et encore bien d'autres applications existent pour vous exprimer dans la langue locale lorsque l'anglais, le français, l'espagnol, l'allemand ou toute autre langue que vous parlez ne suffisent pas !
Pour y voir un peu plus clair sur la culture locale, **World Customs and Culture** recense les essentiels des coutumes et informations de base de nombreux pays.

En cas d'urgence : **Travel Emergency** recense tous les numéros à contacter en cas d'urgence en fonction des pays : pompier, SAMU, police, centre antipoison…

Pour vous guider : que ce soit pour trouver un casse-croûte, visiter un lieu d'intérêt ou encore pour trouver un hébergement, reposez-vous sur les guides en ligne comme **TripAdvisor, TripWolf, Gobi, Rough Guides** ou encore les groupes Facebook de digital nomads locaux.

Pour vous orienter une fois sur place : **Metro** est une application recensant les transports dans plus de 400 villes du monde, **Hop Stop** vous donne les détails de transports (taxis, bus, métro, tramway) dans de nombreuses villes aussi, **Google Maps** est la plus grande carte du monde disponible à portée de doigts.
Enfin, **Uber, Kaptain** et les autres applications de VTC fonctionnent aussi au-delà des frontières !

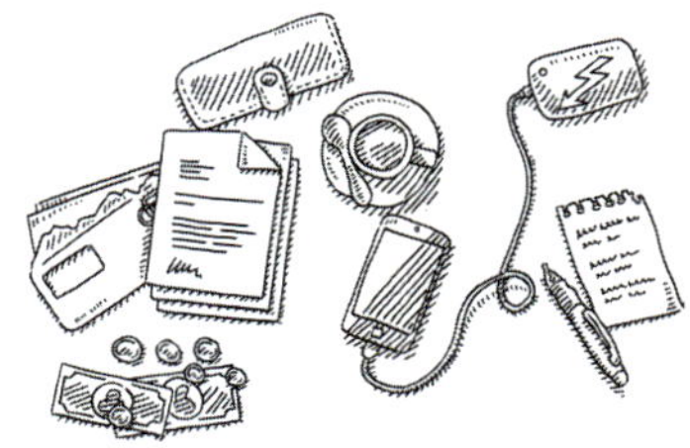

POUR PLANIFIER ET SUIVRE UN PROJET

Gratuites ou payantes, il existe de nombreuses applications pour vous permettre de planifier vos projets, personnels ou professionnels, ainsi que pour assurer leur suivi.

• **Notion** est totalement gratuit, parfait pour gérer vos différents projets en tableaux et sous-tableaux. Il est idéal pour démarrer vos projets, vous devrez l'actualiser régulièrement pour qu'il reste pertinent et utile.

• **Gira**, **Trello** ou **Monday** sont différentes applications avec des versions gratuites et payantes pour la gestion de projet. Vous pouvez travailler à plusieurs sur l'outil, définir des deadlines, créer différents tableaux ou fiches selon les projets, notifier quelqu'un... Ce sont des indispensables si vous travaillez avec une équipe, une entreprise ou pour votre propre entreprise, surtout sur de la gestion de projet.

• **Calendly** vous aide à gérer votre agenda et la prise de rendez-vous téléphonique avec vos clients, collègues ou autres. Vous gérez vos disponibilités et indiquez le fuseau horaire sur lequel vous vous trouvez pour que la synchronisation soit parfaite.

POUR COMMUNIQUER

Garder le lien avec votre cercle personnel et professionnel est essentiel pour vous assurer que l'expérience reste agréable, humaine et riche. Dans ce monde hyperconnecté, bien des applications existent :

• **Facebook** et **Messenger,** pour discuter avec vos proches, en individuel ou par groupe, pour partager vos aventures et découvertes.

• **Instagram** pour partager vos aventures grâce à vos plus belles photos de voyage. Cela peut aussi devenir un réel vecteur de rencontres personnelles ou professionnelles. La sphère d'Instagram est la plus prisée des digital nomads et grandit de jour en jour.

• **YouTube**, si l'âme d'un vidéaste naît en vous, ce réseau peut aussi être un vecteur de partage idéal.

Vous pouvez partager votre périple, vos conseils ou encore des choses plus spécifiques reliées à vos expertises et votre spécialité.

• **Twitter**, pour rester informé sur l'actualité de votre pays de résidence ou d'origine, de votre secteur d'activité ou des personnes que vous suivez. Selon votre activité, ce réseau social peut s'avérer essentiel.

• **Whatsapp**, pour discuter avec vos proches, votre réseau professionnel ou encore vos clients.

• **LinkedIn**, ce réseau professionnel peut vous permettre de déclencher bien des rencontres et opportunités en partageant votre voyage, mais aussi vos accomplissements professionnels.

• **Slack**, pour les communications instantanées, souvent utilisées avec les professionnels, il vous permet d'échanger et de scinder vos conversations en « salon » selon vos clients par exemple.

• **Skype, Zoom, Google Hangouts, Microsoft Teams**, pour les visioconférences ou les appels visio : il est très important de garder le côté humain en voyage, la caméra sera votre meilleur ami pour cela !

• **Zapier** ou **MailChimp** peuvent aussi être utiles pour créer des newsletters et tenir informée votre base professionnelle de vos avancées, de votre parcours et de vos nouvelles offres. Utiles autant pour un freelance qu'en entreprise, les newsletters permettent de faire le lien et de garder une présence auprès de votre réseau.

Comme pour tout, rien n'est écrit, à vous de déterminer quelles applications vous utilisez pour quels usages et cercles. L'essentiel étant de rester bien organisé et de profiter de ces outils pour séparer le professionnel du personnel !

POUR CRÉER

En tant que digital nomad, vous aurez sûrement envie de laisser libre cours à votre imagination et à votre créativité pour créer de beaux contenus à partager ou pour retracer votre histoire. Pour cela, quelques applications simples et gratuites :

• **La suite Adobe pour mobile :** Lightroom pour retoucher vos photos, **Adobe Draw** pour créer des visuels avec des pinceaux, des modèles, filtres et calques, **Adobe Capture** pour capturer ce qu'il y a autour de vous et le rendre digital. **Spark Post** vous propose des templates à partir desquelles créer des visuels parfaits pour communiquer sur tous vos réseaux !

• D'autres applications comme **Canva** ou **PicsArt** proposent de nombreuses templates et idées de création pour mettre en valeur vos plus belles photos et raconter une histoire.

• **InShot, Perfect Video, Movie Make**r sont des applications simples et intuitives pour faire de courts montages vidéo.

Pour les plus connectés, quelques logiciels classiques à avoir sur son ordinateur :

• **Final Cut** est un incontournable du montage vidéo, uniquement disponible sur Mac, sa version d'essai de 90 jours est parfaite pour tester sans dépenser un euro.

• **La suite Adobe : Premiere Pro, InDesign, Illustrator, Photoshop**... sont autant des classiques utiles pour votre créativité personnelle ou pour votre activité professionnelle selon votre secteur. Elle représente un sacré investissement à prévoir dans votre budget !

- **Le Pack Office**, classique, mais indispensable pour travailler sur des fichiers Word ou Excel. Vous pouvez également utiliser la **suite Google** qui propose les mêmes éléments, mais avec des configurations différentes.

• Si vous souhaitez développer votre site internet pour votre communication ou marketer votre profil, très utile pour les freelances, ou encore pour développer votre business si vous êtes entrepreneurs, les **plateformes Wix et** SquareSpace sont très simples et intuitives, à un prix raisonnable. Pour lancer un e-commerce, **PrestaShop** et Shopify sont les références du marché.

• Pour sauvegarder vos données, pensez cloud ! **Google Drive, Dropbox ou OneDrive** : il vous faut l'un des trois pour pouvoir stocker toutes vos précieuses données. Vous serez ravis de les retrouver si jamais votre ordinateur prend l'eau ou que votre disque dur se perd !

Les outils dépendent donc des besoins, de l'agilité et des moyens de chacun. Il n'y a pas de bon ou de mauvais outils, juste celui dont on a besoin à un certain moment, pour un objectif précis. Et surtout : rien n'est fixé et tout peut évoluer selon les besoins de chacun.

Hypify

V

CONNAÎTRE LES BONS RÉSEAUX

"Un réseau de qualité, c'est une communauté de partage. S'entourer des bonnes personnes nous permet d'obtenir des informations de valeurs que nous aurions mis beaucoup de temps à trouver par nous même."

MARIE ANGELINE RAPIN

PEACE & BOWL
POWER FOODS
Extras

RØDE

FOLLOW THAT DREAM
LOLITA

La communauté des digital nomads ne cesse de grandir avec le temps. Et pour cause, tous les métiers tendent à être connectés et chaque travailleur à vouloir une vie faite d'aventures, de rencontres et d'expériences.

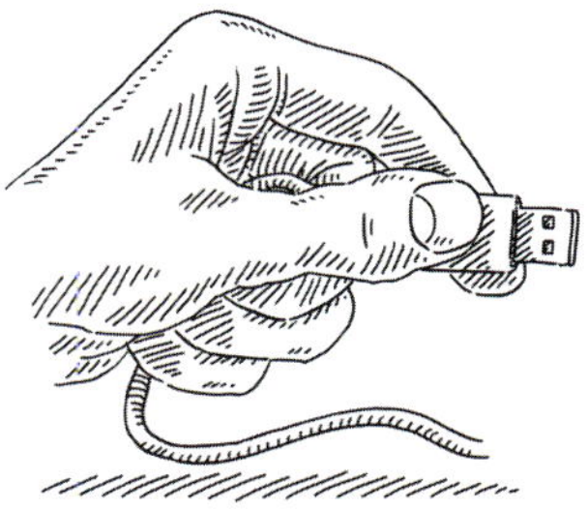

CONNAÎTRE LES BONS RÉSEAUX

L'une des plus grandes richesses de cette communauté eſt le réseau. Utile pour se lancer, demander de l'aide, s'associer ou encore juſte pour nouer des relations amicales fortes, il eſt un des éléments essentiels pour rendre l'expérience du digital nomadisme aussi agréable que porteuse.

LES SITES DE MISE EN RELATION

Lorsqu'on se lance en tant que freelance digital nomad, pas évident de trouver ses premières missions. Pas de panique pour autant ! Il exiſte de nombreux sites pour trouver vos missions selon votre secteur :

• **Codeur**, pour les professionnels du secteur du code et du développement web.

• **Freelance.com**, **Upwork, Freelancer, Elance** pour tout type de secteur, vous y trouverez de potentiels clients français et internationaux.

• **Malt,** la plus grande plateforme française de mise en relation entre freelance et entreprise.

• **La crème de la crème**, tout comme Malt, cette plateforme met en relation entreprises et freelances. La seule différence : il faut déposer une candidature pour être recruté et faire partir de la communauté, triée sur le volet !

• **LinkedIn**, bien que ce soit un réseau de partage avant tout, un onglet « emploi » vous permet de rechercher des missions en tant que freelance, proposées en France et à l'étranger.

• **Facebook**, au-delà d'être le plus grand réseau social exiſtant, il regorge aussi de nombreux groupes d'entraides ou entre freelances pour proposer des missions, contacts et autres opportunités.

Chaque pays a son réseau : si vous souhaitez travailler pour des clients locaux, n'hésitez pas à fouiller un peu plus et à demander à vos pairs une fois sur place.

LES COWORKINGS

Lorsqu'on est à l'étranger, trouver un bureau pour travailler est souvent un point délicat. Le digital nomadisme tendant à se normaliser dans de nombreux pays, les points d'attache fleurissent de jour en jour. Alors pour sortir de son chez-soi temporaire et trouver un vrai bureau, pensez aux coworkings ! Ces espaces conviviaux réunissent de nombreux travailleurs locaux et étrangers, salariés, chefs d'entreprises ou freelances : bref une vraie fourmilière où vous pourrez, sans aucun doute, faire de belles rencontres aussi intéressantes qu'enrichissantes.

Comment cela fonctionne-t-il ? Généralement, vous payez un tarif à la journée, à la semaine, au mois ou même à l'année pour avoir accès à l'espace, un peu comme une salle de sport.

Les prix varient selon ce que le coworking peut proposer en plus d'un espace de travail : salle de sport, activités, conférences, événements, soirées... Voici quelques sites pour vous aider à trouver votre coworking idéal :

• **Coworker** : vous entrez le nom de votre destination et le site vous montre tous les espaces à proximité.

• **Regus** propose plus de 3 000 espaces à travers le monde. Vous payez une carte de membre pour y avoir accès. Pratique si un espace Regus se trouve dans vos destinations, cela peut aussi être un bon moyen de vous laisser porter et de choisir vos pays en fonction des espaces disponibles !

• **Copass**, avec des formules à la carte pour 3 jours, 10 jours ou en illimité, vous avez accès aux espaces quand vous le voulez, de manière flexible.

• La map de **Global Coworking Map** vous permet de voir de façon assez claire tous les espaces de coworking disponibles dans près de 115 pays et 950 villes différentes.

• Enfin, l'application **Work Hard Anywhere** recense tous les cafés et autres espaces propices au travail, disponibles dans plus de 100 pays différents.

Bien sûr, une fois sur place vous pourrez découvrir d'autres endroits pour travailler. C'est d'ailleurs dans les espaces locaux que vous pourrez vous immerger au plus près des résidents et de la culture du pays. Ouvrez bien l'œil pour profiter pleinement de cette expérience !

LES ORGANISATIONS

Si les espaces de coworking offrent un chouette espace de travail, il est parfois un peu compliqué de briser la glace et de tisser de vrais liens avec les personnes rencontrées. Depuis quelques années, de nombreuses organisations fleurissent pour aller plus loin dans l'exploitation du réseau et des rencontres.

• **Coworkations**, voyage et retraites organisées pour les digital nomads, utiles pour se former avec d'autres personnes, rencontrer, échanger, partager et découvrir de nouveaux horizons.

• **Surf Office**, un organisme proposant retraites, team-building, voyages organisés pour les entreprises et digital nomads, parfait si vous êtes une entreprise à distance et que vous souhaitez retrouver vos équipes pour un séminaire un peu différent !

• **Freelance Travel**, pour les freelances en vadrouille qui cherchent un peu plus qu'un endroit pour se loger : cet organisme propose des séjours organisés entre travail, afterwork, sorties et visites, intervention d'experts, ateliers ou encore moments détente.

> "Je voulais pallier ce sentiment de solitude. L'idée d'être digital nomad n'est pas de travailler forcément seul, mais d'être libre. Dans le collectif, chacun peut exercer son métier tout en gardant des clients pour eux seuls. C'est en mutualisant les compétences de chacun qu'on devient plus fort, plus polyvalent et plus légitime en tant que freelance. !"
>
> MARGAUX ROUX

Aussi, d'autres initiatives proposent d'aller plus loin dans ces rencontres et de mutualiser les compétences de chaque digital nomad pour créer un collectif. Ce fut l'idée de Margaux Roux : après quelque temps à travailler en tant que digital nomad, entre autres à Bali, elle n'arrivait pas à créer de vraies relations avec qui collaborer au sein des coworkings. Lui vint alors l'idée de créer un autre type d'organisation, un peu à la manière des coopératives agricoles. Elle créa alors le Hub Nomade, un collectif de freelances réunissant plusieurs types de compétences et travaillant ensemble pour le même client.

Au-delà d'être un organisme simplifiant la vie de nombreux freelances, débutants ou non, ce collectif permet aussi de faire avancer les choses pour ces travailleurs d'un nouveau genre. Parce que le statut de freelance comporte aussi son lot d'inconvénients : manque de stabilité, pas de revenus fixes, aucune sécurité de chômage... Un grand chantier sur lequel Margaux Roux souhaite travailler en France pour faire reconnaître ce statut en tant que tel.

• **Nomad Cruise** est également une grande conférence destinée aux travailleurs en vadrouille, mais qui se déroule cette fois-ci… sur un bateau de croisière !

• **MeetUp**, une application sur laquelle s'organisent de nombreux événements selon les spécialités et passion de chacun : vous aussi vous pouvez organiser un atelier. L'occasion parfaite pour partager, rencontrer et échanger ses bonnes pratiques et compétences autour d'un thème précis, avec des gens aussi passionnés que soi.

LES AFTERWORKS ET AUTRES ÉVÉNEMENTS

Qui a dit que les digital nomads étaient privés d'afterworks ? Bien au contraire : il ne manque pas d'événements et d'occasions de réseauter pour les digital nomads !

• **Coworkstation**, une sorte de grosse réunion de digital nomad du monde entier, s'étalant sur plusieurs jours, où chacun peut partager, apprendre, échanger et suivre le programme pour approfondir ses connaissances.

• **Nomad Summit**, organisé chaque année à Chiang Mai en Thaïlande, cet immense événement créé par Johnny FD accueille chaque année de plus en plus de digital nomads.

• **DNX Camp** est la plus grande conférence destinée aux digital nomads.

Il existe bien des moyens de créer son réseau, en physique ou à distance, d'un pays à un autre, en vadrouille ou dans un lieu fixe. Chaque personne trouve différents éléments pouvant lui être utiles dans ces réseaux : à chacun de tâtonner, rencontrer, échanger. Construire son réseau se fait tout au long d'une vie, tout comme l'entretenir demande de la régularité dans les échanges. Patience, humanité et un bon état d'esprit sont les maîtres mots qui feront de votre réseau de digital nomads une vraie mine d'or !

VI

INSPIRATIONS

Lorsqu'on est digital nomad, les questions formations et inspirations sont des points parfois flous.

BLOGS, PODCASTS, VIDÉOS POUR ALLER PLUS LOIN

Les freelances et entrepreneurs peuvent compter seulement sur eux-mêmes pour se remettre en question et plonger à la recherche de nouveaux contenus inspirants et formateurs pour nourrir leurs business. Encore une fois, il existe de nombreux contenus, qui conviennent pour certains et parfois pas pour les autres !

PODCASTS

Si l'anglais ne vous fait pas peur, de nombreux podcasts existent dans la langue de Shakespeare. Et pour cause : la communauté des digital nomads est bien plus en avance à l'étranger qu'en France. Une bonne source d'inspiration étrangère à, pourquoi pas, ramener en France ?

• **Become Nomad**, aussi riche que diversifié, ce podcast recense de nombreux conseils pour devenir digital nomad, ainsi bien sûr que des sujets pratiques et stratégiques.

• **The Tim Ferris Show**, auteur du livre *La semaine de 4 heures*, il est une figure incontournable à écouter pour recueillir de nombreux conseils pour se lancer.

• **The Chris Freelancer Podcast**, par Chris Dodd, freelancer de renom sur la toile. Les épisodes restent toujours d'actualité, même les plus anciens.

• **Entrepreneur on Fire**, pour les entrepreneurs et chefs d'entreprise, un podcast plein d'énergie pour faire le plein d'inspiration.

• **Keep your DayDream**, pour rêver en entendant des récits de voyages et d'aventures.

En français, il existe quelques contenus inspirants pour les digital nomads, mais aussi pour les entrepreneurs :

• **Nomade Digital**, par Stan et Paul, de nombreux sujets pratiques sur la vie des digital nomads sont abordés.

• **Génération Do It Yourself**, un podcast de Matthieu Stefani où de nombreuses personnalités du monde de l'entrepreneuriat partagent leurs récits de vie, expériences et témoignages.

• **De vraies vies**, un podcast féminin retraçant le parcours de femmes ayant fait des choix de vie différents : voyage, entrepreneuriat, digital nomadisme et bien d'autres sujets sont abordés.

BLOGS

Depuis des années, un grand nombre de digital nomads recensent leurs aventures au travers de blogs. Aujourd'hui, chacun peut trouver son bonheur pour se documenter, s'inspirer des parcours des autres sur la toile.

• **Votre tour du monde**, le blog de Bruno Maltor, l'un des pionniers du digital nomadisme en France. Il propose de nombreux conseils pour voyager, des récits, retours d'expérience. Un blog riche puisque Bruno est un travailleur baroudeur depuis 2012 !

• **Le Sac à Dos**, entre récits d'aventures, comme retraite dans un temple de moine au Japon, bonnes pratiques et conseils, ce blog regorge d'informations précieuses pour préparer votre voyage.

• **Objectif Digital nomad** vous aide de manière pratique à transiter entre votre vie actuelle et celle de vos rêves.

• Michaël et Renato partagent sur **Planet Nomad** leurs conseils, bonnes pratiques et autres éléments essentiels pour faire de l'expérience de digital nomad une réussite.

• **La Famille Nomade Digitale**, vous avez bien lu ! Une famille baroudeuse depuis 2013 partage son quotidien sur un blog. Une bonne source d'inspiration prouvant que tout est possible !

• **Le blog de Margaux Roux**, sur lequel elle partage de belles interviews inspirantes de travailleurs en remote.

• **Vizeo**, par Alex Vizeo, vous donne des conseils pratiques, administratifs et juridiques pour voyager et devenir digital nomad.

Selon votre secteur d'activité, de nombreux autres blogs et acteurs sont à suivre sur internet. À vous de construire votre veille, et de mettre tout en œuvre pour rester bien informé.

N'oubliez pas de vous inscrire aux newsletters pour recevoir directement les informations sur votre boîte mail, et de dédier un peu de temps de lecture chaque semaine !

VIDÉOS

S'il est un réseau qui grandit et regorge d'éléments inspirants, c'est bien YouTube. Sur la télévision de la nouvelle génération, vous pouvez trouver mille et un contenus pour vous donner une idée de la vie de digital nomad et en apprendre un peu plus sur différentes destinations.

- **Bruno Maltor,** l'un des digital nomads français les plus connus, poste régulièrement des vlogs et vidéos de voyage. Ces plus anciennes vidéos sont intemporelles et resteront toujours pertinentes et utiles à regarder.

- **Aland Howard** un digital nomad anglophone partageant des vidéos riches et pratiques pour aider les travailleurs en remote à lancer leur propre business.

- **Lost LeBlanc** Il a tout quitté pour se lancer en tant que digital nomad. Il partage de nombreuses vidéos pour tous ceux qui auraient envie de faire de même.

- **Joanna Yung,** une spécialiste des réseaux sociaux qui a fait le pari un peu fou de devenir digital nomad pendant la pandémie du Coronavirus. Elle partage ses conseils, expériences et bonnes pratiques.

- **Chris the Freelancer,** en plus de son podcast, sa chaîne YouTube regorge de contenus intéressants pour se lancer en tant que digital nomad.

Et comme pour tout : à vous de faire vos recherches, votre marché pour construire une base de ressources enrichissantes et actuelles. Se montrer curieux est l'une des qualités essentielles pour que l'expérience de digital nomad soit réussie. Alors lancez-vous sur la toile : avec quelques mots clés selon vos centres d'intérêt, vous trouverez forcément de quoi vous inspirer !

NOMADE PATH
PAR JEANNE PHILIPPE ET LUDOVIC FOUCHAN

Après avoir fait le constat qu'aucun contenu français n'existait autour du digital nomadisme, Jeanne Philippe et Ludovic Fouchan ont créé Nomade Path, un média pour aider digital nomad et travailleurs en remote à se lancer et à se documenter pour vivre l'aventure autour du monde de la meilleure des façons. C'est aussi une communauté, où chacun peut échanger librement son expérience, s'inspirer et partager tout ce qui lui semble utile aux autres digital nomads ! Le média est présent sur Instagram, YouTube, LinkedIn et sur leur site internet.

Voici une liste non exhaustive des contenus existants concernant le digital nomadisme, dans laquelle vous trouverez sûrement votre bonheur et de quoi vous informer ou vous inspirer. Restez à l'affût : le monde change et évolue à grande vitesse, de nouveaux contenus sont déjà en train d'apparaître et pourront être ceux qui vous donneront le fameux déclic !

"Après un voyage avec Ludovic, nous avons découvert ce qu'était le principe d'être "digital nomad". Forcément, le retour au bureau fut plutôt compliqué par la suite. Alors on a décidé de se lancer, du jour au lendemain, comme ça pas de retour en arrière possible. Une fois dans l'aventure, on s'est rendu compte du manque d'information. Alors on a décidé de TOUT documenter sur une chaîne YouTube, puis sur Instagram. Aujourd'hui on continue de tout documenter et de faire grandir la communauté pour aider le plus de personnes possible à se lancer et vivre leur rêve !"

JEANNE PHILIPPE

VII

HISTOIRES DE VIE

Marie Angeline Rapin

Métier : Conceptrice de visuel de marque et graphiste en freelance

D'abord fashion designer dans une entreprise en France, Marie n'avait pas vraiment envisagé le fait de devenir digital nomad en début de carrière. C'est opportunité après opportunité que s'est dessiné le chemin vers la Thaïlande.

Toujours dans cette même entreprise, elle est amenée à sauter le pas de vivre en tant qu'expatriée après s'être vue promue manager de l'équipe thaïlandaise. Après six mois de formalités administratives et logistiques, elle déménage donc à Phuket en février 2013.

@marieangeline.branddesigner

WWW.MARIEANGELINE.COM

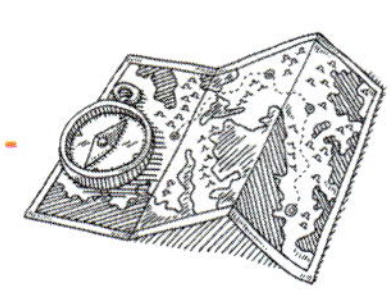

NORTHERN EUROPE
NORTHERN EUROPE
NORTHERN EUROPE

MARIE ANGELINE RAPIN

Un nouveau pays, une nouvelle culture, de nouvelles rencontres, bref un nouveau tableau de vie. Seulement voilà, les années passent et après le rachat de son entreprise, elle frise le burn-out à deux reprises, avant de prendre conscience que « *rien sur terre ne mérite ma santé mentale* » comme elle me l'explique.
Pour Marie, la Thaïlande a aussi été un lieu où de vrais déclics sont apparus. En voyant son environnement et les personnes l'entourant, elle réalise qu'elle était témoin de sa vie, qui passait devant elle.

C'est au travers d'un livre, *The Monk Who Sold His Ferrari*, qu'elle prend conscience de la valeur de sa vie, et qu'elle peut très bien la mener selon ses envies, en choisissant autant ses horaires que sa vue du matin et la destination qu'elle déterminera demain.

> *“Vivre, ce n'est pas passer 8 heures par jour devant un ordinateur.”*

En mars 2019, elle quitte donc l'entreprise, décidée à reprendre les rênes de sa vie. Puis tout s'enchaîne : rencontre, projets et de nouvelles opportunités de métiers se dessinent vite pour Marie, qui n'y connaissait que très peu aux sites internet, mais devient une experte de leur création.

MARIE ANGELINE RAPIN

S'il y a bien quelque chose que l'on apprend des digital nomads, c'est cela : on se forme sur le tas, l'important est d'être passionné et curieux.
Pour Marie, 2019 est aussi une année de voyage, car même si elle a quitté le sol français depuis près de 10 ans, elle me confie :

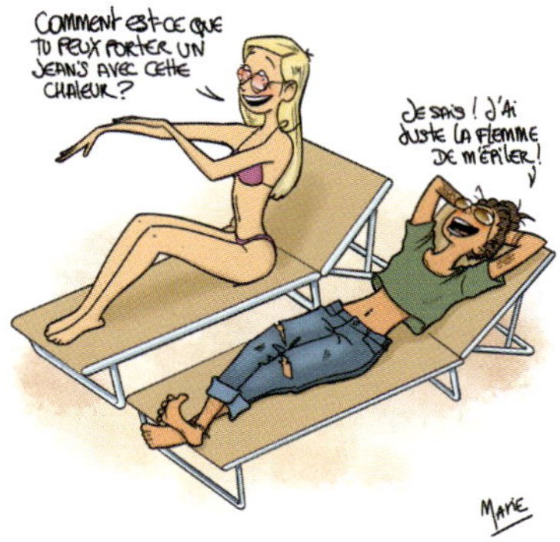

«Quand tu vis quelque part, tu ne visites pas. Quand tu voyages, tu visites!». D'abord partie aux États-Unis pour un événement, elle traverse ensuite le Mexique, Bali, retourne en France puis en Thaïlande… bref, elle devient une vraie baroudeuse travailleuse pendant six mois. Puisque oui, comme elle me le raconte : *«elle n'a besoin que de son ordinateur et d'une connexion WiFi pour travailler»*, alors pourquoi ne pas partir à l'autre bout du monde pour finir un projet avec une vue différente? Aujourd'hui, Marie est toujours en rêve d'aventure et de découverte. Après des années de vie en Asie, elle projette de découvrir encore autre chose : la Vanlife.

“Quoi de mieux que de travailler avec une vue de rêve plutôt qu'un fond d'écran qui nous fait rêver.”

Joanna Yung

Métier : Consultante en stratégie digitale, blogueuse et créatrice de contenus

L'histoire de Joanna est commune a bien des digital nomads. Après avoir passé trop de temps selon elle à suivre le parcours schématique classique, elle décide de tout quitter pour se lancer à corps perdu dans l'aventure.

@joannayung.co

WWW.SOCIALNOMADACADEMY.COM

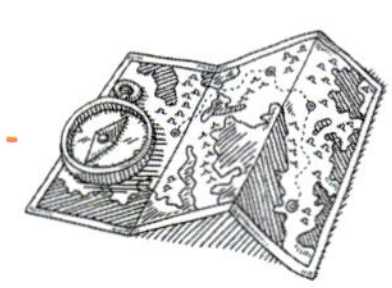

JOANNA YUNG

Son pari osé, elle ne le regrette pas. Et pourtant, en plus de se lancer le défi de devenir digital nomad à plein temps, du jour au lendemain, Joanna n'a pas été gâtée par les événements de l'année 2020. Un an après, elle fait le bilan.

Si elle n'a pas coché toutes les cases de la to-do-list de l'année, ni celles de tous les pays qu'elle aurait souhaité visiter, Joanna retient les rencontres, les merveilles qu'elle a découvertes et surtout à quel point se lancer dans ce projet lui a permis de développer tout ce dont elle rêvait. Un an après, elle a déjà créé sa chaîne YouTube et son entreprise : SocialNomadAcademy, une formation permettant aux digital nomads de devenir Social Media Managers ou un autre métier relié aux réseaux sociaux, en plus de garder leur métier de freelance.

Changer d'horizon casse les schémas et donne plus de liberté pour se développer.

JOANNA YUNG

Pas de doute : changer d'horizon casse les schémas et donne plus de liberté pour se développer.
Apprendre chaque jour et vivre l'inattendu sont ses moteurs dans ce mode de vie différent. Chaque matin est différent, propice aux nouvelles rencontres, aux nouvelles expériences et aux nouvelles découvertes.
S'ouvrir et se préparer à vivre l'inattendu est, selon elle, la première chose à garder en tête lorsqu'on devient digital nomad.
Comme beaucoup de personnes, elle a dû changer ses plans à cause de la pandémie du Covid-19, et c'est là où elle a puisé sa force : comprendre qu'annuler, changer ses plans n'était pas un mauvais sort, mais aussi une opportunité de voir les choses sous un autre angle.
C'est aussi ça, le Future of Work, être résilient et proactif face à chaque situation que la vie nous présente.

S'ouvrir et se préparer à vivre l'inattendu

Shan et Simi

Une autre histoire, plus particulière, aussi inspirante qu'atypique : celle de Shan et Simi. Ces deux amoureux du voyage et du surf ont décidé de parcourir toutes les destinations de surf et de documenter leurs aventures.

Surf Play Love est leur projet passion comme ils aiment l'appeler.

@surfplaylove

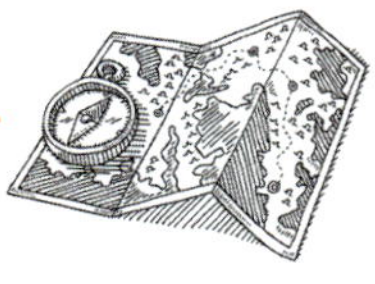

SHAN & SIMI

Shan a quitté son travail après un burn-out, pour vivre au plus près de ses passions et découvrir de nouveaux horizons. La principale envie : retrouver le goût de vivre pleinement, tout en étant indépendant financièrement. Shan a aussi réalisé dans cette magnifique aventure que le monde était une opportunité immense de pouvoir découvrir, explorer et rencontrer. En documentant son parcours au travers de ce blog de passion, il souhaite montrer, influencer et donner envie aux autres rêveurs de vivre l'aventure.
Depuis, Shan a appris deux nouvelles langues, travaille en ligne et surfe dès qu'il peut, tel un vrai digital nomad. Ce beau pari du digital nomadisme, il décide de le relever avec Simi, sa compagne rencontrée autour d'une pizza à Bali. Simi est avant tout une passionnée du voyage, elle a découvert 15 pays différents en tant que photographe.

Vivre sa propre aventure, voilà son simple rêve dans ce nouveau mode de vie.

SHAN & SIMI

Elle a quitté sa Suisse natale pour vivre en toute liberté, explorer le monde et elle-même. Vivre sa propre aventure, voilà son simple rêve dans ce nouveau mode de vie.

Ces deux amoureux, autant dans la vie que de leurs métiers et passions, documentent leurs rencontres, expériences et passions au travers d'une chaîne YouTube, comme de nombreux digital nomads. Seulement, ils décident d'offrir un angle différent, celui de leur passion et du sport.

Un équilibre entre la vie professionnelle et personnelle, c'est aussi ça, le Future of Work.

Parce que la vie de digital nomad, c'est aussi ça : avoir un plus grand terrain de jeu pour s'épanouir, au-delà du travail, mais aussi et surtout dans la vie de manière générale.
Un équilibre entre la vie professionnelle et personnelle, c'est aussi ça, le Future of Work.

Lise Slimane

Métier : Consultante en économie freelance
et blogueuse sur La Minute Freelance

Originaire de Lille, Lise est une baroudeuse depuis 10 ans. Au travers de ses études, par curiosité et maintenant en tant que digitale nomade, Lise a parcouru de nombreux pays avant de faire de ce mode de vie nomade son quotidien.

@laminutefreelance

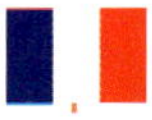

WWW.LAMINUTEFREELANCE.FR

LISE SLIMANE

Côté boulot, Lise s'engage aussi dans ce mode de travail différent. Elle conseille et accompagne les grandes entreprises dans le recrutement et la collaboration avec les travailleurs indépendants. C'est ainsi que de nombreux digital nomads décident d'évoluer afin de travailler chaque jour pour un

but avec du sens, des valeurs précises et des objectifs personnels concrets.
Encore plus engagée, elle décide de marier ses passions personnelles et son projet de blog, La Minute Freelance.
Elle y crée des contenus pour aider cette fois-ci les travailleurs indépendants à s'armer face aux problèmes

Elle y crée des contenus pour aider les travailleurs indépendants à s'armer face aux problèmes des digital nomads.

que l'on peut rencontrer : trouver des clients, faire sa publicité, gérer sa comptabilité… Tous les sujets sont abordés avec simplicité et bienveillance. Souvent interrogée sur le sujet,
Lise a décidé de répondre à toutes ces questions au travers d'un média, plutôt que personnellement.

LISE SLIMANE

Les Pays-Bas, la Thaïlande, l'Angleterre, la Malaisie, l'Indonésie… Lise voyage partout, dans un premier temps la moitié de l'année, pour découvrir et s'imprégner de ce mode de vie très différent. Au fur et à mesure, elle se rend compte que les grandes villes l'épuisent, autant que le rythme effréné

des voyages de ville en ville, sans prendre le temps de s'arrêter. Elle décide de poser ses valises pendant quelque temps à Bali, berceau du digital nomadisme. Bali, c'est son coup de cœur, un lieu où la communauté des digital nomads est vivante, où le surf, le yoga, la plage et l'ambiance lui parlent.

> *“Pratiquez et tout viendra” reflète sa vision de ce mode de vie.*

Avant tout, Lise conseille d'essayer avant de se lancer. Sa devise « *Practice and all is coming* », littéralement « *pratiquez et tout viendra* » reflète sa vision de ce mode de vie. Cela peut correspondre à beaucoup comme ne pas correspondre à d'autres, c'est juste une histoire d'envie, de convictions et de passion.

Définitions
· Freelance - typologie
· Statuts juridiques - confusion
· Industries - économie freelance
· Mission - collaboration
LA MINUTE FREELANCE

VIII

LES DIFFÉRENTS MÉTIERS

NO
SMOKING
Endure
Nalu Bowls
ALL NALU BOWLS TOPPED W/ HOMEMADE GRANOLA
WORKING ALONE SUXS!

QUELS MÉTIERS PEUVENT SE PRATIQUER FACILEMENT EN « DIGITAL NOMAD » ?

Il n'y a pas de secret, les métiers envisageables avec un mode de vie « digital nomad » sont digitaux. Voici une liste, non exhaustive, mais assez représentative des métiers qui peuvent facilement être exercés en "nomad".

MÉTIERS DU DÉVELOPPEMENT WEB, DES LOGICIELS ET DE LA TECHNOLOGIE DE L'INFORMATION

- Administrateur bases de données
- Administrateur systèmes et réseaux
- Cloud engineers
- Développeur back-end
- Développer front-end
- Intégrateur web
- Développeur d'application mobile
- Experts en cybersécurité
- Game designers
- Webmasters

MÉTIERS DE L'EXPERTISE DATA

- Data analysts
- Data engineers
- Data scientists

MÉTIERS DE LA CRÉATION DE CONTENUS

- Rédacteur
- Concepteur
- Écrivain
- Storyteller
- Correcteur/Relecteur
- Traducteur
- Spécialiste SEO/SEA/SEM/SAM
- Journaliste
- Reporter
- Influenceur
- Musicien, DJ

MÉTIERS DE LA CRÉATION DIGITALE

- Graphic designer
- Web designer
- Graphiste
- Animateur
- Photographe
- Monteur
- Réalisateur
- Motion designer
- Sound designer
- Directeur artistique
- Illustrateur
- UX designer

MÉTIERS DU MARKETING ET DE LA COMMUNICATION DIGITALE

- Community manager
- Social média manager
- Chargé de relations presse
- Chef de projet marketing/communication/événementiel
- Consultant SEO
- Consultant marketing
- Consultant marketing relationnel & CRM
- Consultant web marketing

MÉTIERS DE LA STRATÉGIE, BUSINESS ET GESTION DE PROJET

- Business developers
- Consultant en stratégie
- Analyste
- Coach agile
- Scrum master
- Product manager
- Consultant analytics

CONCLUSION

Si après la lecture de cet ouvrage, devenir digital nomad est définitivement votre rêve, vous avez toutes les clés en main pour vous préparer à faire le grand saut. N'oubliez pas l'essentiel : une bonne organisation, de la motivation, une grande curiosité et surtout l'envie de voir plus grand et de saisir cette opportunité pour transformer sa vie. Comme le dit Johnny FD *« Créer son propre business c'est travailler pour son rêve, et non pour celui des autres. »* Gardez cela comme moteur, vous faites ce grand changement avant tout pour vous et votre intérêt personnel.

Bien préparé, vous pourrez vivre l'aventure avec un grand A, et jongler entre votre vie professionnelle, qui ne fera que s'enrichir de cette expérience, et votre vie personnelle, qui sans aucun doute deviendra de plus en plus belle grâce aux découvertes que vous ferez. Voyager et faire de chaque destination sa maison, prendre le temps pour ne rien manquer, découvrir, partager, échanger, oser s'immerger dans la culture locale : c'est votre nouvelle vie.
À vous de faire en sorte qu'elle vous ressemble.

Couverture : Martin Laignel
Direction artistique : Caroline Laleta Ballini / Studio So What Co., Ltd.

Direction de collection : Delicity

Photos :
Couverture : iStock by Getty images

P. 2 à 7 iStock by Getty images P. 10 iStock by Getty images P. 11 themissMiles P. 12 Marie Angeline P. 14 iStock by Getty images P. 15 bestjobers; worldelse P. 16-17 iStock by Getty images P. 17 workerwco P. 18 christabella-travels P. 19 Marie Angeline P. 20 Lukasbieri de Pixabay P. 21 Wiki person seo CC-BY-2.0 P. 22 christabellatravels P. 23 iStock by Getty images P. 23 Bruno Maltor P. 24 iStock by Getty images P. 25 Marine Duracell; Margaux Roux P. 28 à 32 iStock by Getty images P. 33 iStock by Getty images; InstagramFOTOGRAFIN de Pixabay P. 34-35 iStock by Getty images P. 36 Marie Angeline P. 37 illustration Marie Angeline P. 37 iStock by Getty images P. 38-39 Marie Angeline P. 40-42 iStock by Getty images P. 43 Workerwco P. 43 Peggy_Marco de Pixabay P. 44 iStock by Getty images P. 45 Bruno Maltor P. 46 Joanna Yung P. 47 Workerwco P. 48 Coworkingbansko de Pixabay P. 49 Coworkingbansko de Pixabay; StockSnap de Pixabay P. 50 Zanderwhi Tehurst P. 52-53 iStock by Getty images P. 54 iStock by Getty images P. 55 Marie Gatti P. 56-57 iStock by Getty images P. 58 therootlessliving-magazine P. 59 Bruno Maltor P. 60 iStock by Getty images P. 61 StartupStockPhotos de Pixabay P. 62 Hypify CC-BY-SA-4.0 P. 64 Christabellatravels; Themissmiles; Lepetitreporter, Digitalnomadsdaily P. 65 Themissmiles P. 66 Tumisu de Pixabay P. 67 Digitalnomadsdaily P. 68 Workerwco P. 69 Margaux Roux et Marie Gatti P. 70 Paulntn P. 71 à 77 iStock by Getty images P. 78 Christabellatravels P. 79 iStock by Getty images P. 80 Bruno Maltor P. 81 Leptitreporter P. 81 iStock by Getty images P. 82-83 Nomade Path P. 84 à 91 @marieangeline.branddesigner P. 93 à 97 @JoannaYung.co P. 99 à 103 @Surfplaylove P. 105 à 109 Lise Slimane @La Minute Freelance P. 110 iStock by Getty images P. 112 Lepetitreporter ; JeremyBlackPacker; DominikaMiazek CC-BY-SA-4.0 P. 113 Workerwco P. 113 C. Laleta Ballini P. 114 iStock by Getty images P. 117 Marie Angeline P. 118-119 iStock by Getty images

Illustrations :
Franck Ramspott iStock by GettyImages
Marie Angeline Rapin

ISBN : 978-2-38058-147-8
Dépôt Légal : avril 2021
Achevé d'imprimer en mars 2021 par d'Auria Printing en Italie

Casa éditions